BEI GRIN MACHT SICH IHR WISSEN BEZAHLT

AF130060

- Wir veröffentlichen Ihre Hausarbeit,
  Bachelor- und Masterarbeit

- Ihr eigenes eBook und Buch -
  weltweit in allen wichtigen Shops

- Verdienen Sie an jedem Verkauf

Jetzt bei www.GRIN.com hochladen und kostenlos publizieren

Bibliografische Information der Deutschen Nationalbibliothek:

Die Deutsche Bibliothek verzeichnet diese Publikation in der Deutschen National-
bibliografie; detaillierte bibliografische Daten sind im Internet über http://dnb.d-
nb.de/ abrufbar.

Impressum:

Copyright © 2015 GRIN Verlag, Open Publishing GmbH
Druck und Bindung: Books on Demand GmbH, Norderstedt Germany
ISBN: 978-3-668-18855-6

Dieses Buch bei GRIN:

http://www.grin.com/de/e-book/318920/schrift-und-intertextualitaet-grundlagen-
und-bestimmung-des-begriffs-intertextualitaet

Floriant Telesport Soh Mbe

Schrift und Intertextualität. Grundlagen und Bestimmung des Begriffs Intertextualität

GRIN Verlag

GRIN - Your knowledge has value

Der GRIN Verlag publiziert seit 1998 wissenschaftliche Arbeiten von Studenten, Hochschullehrern und anderen Akademikern als eBook und gedrucktes Buch. Die Verlagswebsite www.grin.com ist die ideale Plattform zur Veröffentlichung von Hausarbeiten, Abschlussarbeiten, wissenschaftlichen Aufsätzen, Dissertationen und Fachbüchern.

Besuchen Sie uns im Internet:

http://www.grin.com/

http://www.facebook.com/grincom

http://www.twitter.com/grin_com

INHALTVERZEICHNIS

Der Autor dieser Arbeit ist kein deutscher Muttersprachler. Wir bitten daher um Ihr Verständnis für eventuelle Fehler und Unstimmigkeiten in Ausdruck und Grammatik.

Einleitung

Im Laufe der Zeit hat die Literaturwissenschaft eine Vielfalt von Theorien gekannt, deren Ziel darin besteht, literarische Werke oder Texte zu entschlüsseln oder zu analysieren. Dies entspricht unbedingt dem Wert des Wesens „Literatur", der nicht darin besteht, ein Patentrezept für die verschiedenen alltäglichen Probleme zu leisten, sondern vielmehr zu der Entfaltung und Entwicklung der einzelnen Menschen zu neigen. Unter diesen Theorien sind der Strukturalismus und der Poststrukturalismus zu nennen. An dieser Stelle muss erwähnt werden, dass zwischen den oben zitierten Theorien ein kritisches Verhältnis und eine perpetuelle Neigung zur Überschreitung existiert. Der Poststrukturalismus entspricht also dieser Zielsetzung. In dieser Hinsicht hat die Literaturwissenschaft einen neuen Begriff gewonnen, und zwar, den der Intertextualität. Zunächst ist eine Bestimmung des Begriffs „Intertextualität" sowohl in ursprünglicher als auch in poststrukturalistischer Hinsicht erforderlich. Die Untersuchung der Grundlagen der Intertextualiät wird Anlass zur Ernennung einiger Haupttheoretiker geben, die sich erheblich diesem Begriff gewidmet haben. Dann werden die verschiedenen Erscheinungsformen der Intertextualität zum Vorschein kommen, die bei der Analyse literarischer Texte oder Werke in Betracht gezogen werden müssen. Letztlich wird zu zeigen versucht, den gefährlichen Aspekt der Intertextualiät mit dem Falle von Calixthe Beyala zu untersuchen.

I- Zur Bestimmung des Begriffs „Intertextualität".

a) In ursprünglicher Hinsicht.

Der Begriff „Intertextualität" entsteht zum ersten Mal in eine linguistische bzw. textlinguistische Perspektive, um ein bestimmtes Bedürfnis zu befriedigen. Es geht nämlich um die Bestimmung der verschiedenen Kriterien eines Textes. In Anlehnung an die Sprachwissenschaftler DE BEAUGRANDE/DRESSLER besteht das Ziel dieser Kriterien darin, „Text" von „Nicht-Text" zu unterscheiden. In dieser von ihnen lancierten Textdefinition ist diese Idee klar und deutlich ausgedrückt: „Wir definieren den Text als eine KOMMUNIKATIVE OKKURRENZ…, die sieben Kriterien der TEXTUALITÄT erfüllt. Wenn irgendeines dieser Kriterien als nicht erfüllt betrachtet wird, so gilt der Text nicht als kommunikativ. Daher werden nicht-kommunikative Texte als Nicht-Texte behandelt"[1]. Die Intertextualität, eines dieser Kriterien, entspricht also dieser Zielsetzung. In dieser Hinsicht ist die Intertextualität bei DE BEAUGRANDE/DRESSLER zweifach(und damit doppeldeutig) definiert: zunächst als Bezug auf die Textsorte, und dann als Bezug auf andere Texte. Ersteres meinen sie, wenn sie Intertextualität „für die Entwicklung von TEXTSORTEN als Klassen von Texten mit typischen Mustern von Eigenschaften verantwortlich"[2] machen. Andererseits erwähnen sie, dass zum Beispiel bei Parodien und Kritiken Produzent und Rezipient „den vorherigen Text zu Rate ziehen" müssen. An dieser Stelle muss hervorgehoben werden, dass ihnen Intertextualität nur in der zweiten Lesart als Textualitäts- Kriterium relevant zu sein scheint. Denn die Textsorte sind dagegen ableitbar von der Intention des Textproduzenten, der gewählten Form, der Situation und anderen Merkmalen.

b) In poststrukturalistischer Hinsicht

Am Ende der sechziger Jahre haben sich neue Denkentwicklungen im Bezug auf die Arbeiten Derridas einerseits und Foucaults anderseits in der Literaturwissenschaft unter dem Titel „Poststrukturalismus" bezeichnen lassen. Dies lässt sich grundlegend durch den Versuch einer Überschreitung des strukturalistischen Denkens begründen, das, sogar auch bei der Hermeneutik, auf den Zusammenhang von Sinn und Subjektivität basiert. Ein Leitbegriff des Poststrukturalismus ist also nämlich die Intertextualität, die, in Anlehnung an den

---

[1] Vals, Heinz. Einführung in die Textlinguistik. München, 2002.
[2] Ebd.

Literaturwissenschaftler Marc Angenot[3], innerhalb der literaturkritischen Bewegung der 1960er und 1970er Jahre „Tel-Quell" entstand und entwickelt wurde, um den Tod des Autors bzw. des schreibenden Subjekts zu erklären. Hervorzuheben ist es wichtig, dass die Aufmerksamkeit der Theoretiker dieser Bewegung auf den bisher heterogenen Charakter des literarischen Textes gelenkt wird, was unbedingt den Eintritt der Intertextualität in den Poststrukturalismus legitimiert. Als Intertextualität wird also der vielfältige wechselseitige Bezug von Texten aufeinander bezeichnet. In dieser Hinsicht muss darauf bestanden werden, dass die Intertextualität „nicht mehr einfach das Verhältnis von zwei empirisch vorliegenden Texten zum Gegenstand hat, sondern die Relation von einem Text zu einem ihm vorgängigen abwesenden Text zum Paradigma der Literatur erhebt"[4].

II- Die Grundlagen der Intertextualität: Text und Autor

a) Der Text als Summe der Lektüre eines Dichters

In diesem Teil werden wir zwei Fragen nachgehen bzw. folgenden: Wer ist der Autor? Was ist der Text?

Der Dichter sowie irgendwelche Individuen ist das Produkt einer Gesellschaft, er ist sozusagen Mitglied dieser Gesellschaft. Die Gesellschaft ist so gestaltet, dass sie den Einzelnen Ausbildungsinstitutionen wie Schulen, Universitäten, usw. liefern, die zur Sozialisation dieser Letzteren beitragen. In Anlehnung an Freudsche Psychoanalyse, welche den psychischen Apparat in drei Instanzen spaltet; das Ich, das Es und das Über-ich[5], meint er, dass sowohl die Gesellschaft mit ihren Institutionen (Schulen, Universitäten…) als auch die Mitmenschen zur Gestaltung des Individuums beitragen. Aber hier werden wir uns nur auf die von Schulen gesicherte sekundäre Sozialisation fokussieren. Dabei hat der Dichter wohl während seiner Ausbildungszeit oder im Rahmen der Belletristik Werke ihm vorangegangener Autoren gelesen, um zum Beispiel Schul- oder Universitätsbedürfnisse zu leisten oder sich zu unterhalten oder zu zerstreuen. Kurzum heißt es, dass die Lektüre, die der Dichter von diesen Werken während dieser Ausbildungszeit oder im Rahmen der Belletristik gemacht habe, einen Einfluss auf seine Produktion ausübe. Wahrscheinlich würden im

---

[3] Vgl. Marc Angenot. De l'intertextualité à l'écriture, cahiers de narratologie, Nr.13, zitiert nach Germain Nyada. Kindheit, Autobiographie und Interkulturalität.
[4] Vgl. Achim Geisenhanslücke. Einführung in die Literaturtheorie: von der Hermeneutik zur Medienwissenschaft. S.103
[5] Vgl. Sigmund Freud : der psychische Apparat und die Aussenwelt. In :ders., gesammelte Werke, Bd. 17 Frankfurt/M: Fischer, 1972. S.11 zitiert nach Germain Nyada. S.26

Anschluss an Freuds Psychoanalyse Spuren dieser Texte oder Prätexte in seinem Unbewusst verinnerlicht. Der Dichter, der durch diese Lektüren durchdrungen ist, glaubt bei der Produktion seines Werkes etwas Originales, Echtes, aus ihm Emanierendes zu machen. Jedoch fließen in seinem Text aber unfreiwilliger- und unbewussterweise Spuren vorgeformter Texte. Beziehend auf Julia Kristeva muss in Betracht gezogen werden, dass der Dichter zunächst ein Leser ist. Sie veranschaulicht es, in dem sie ihrerseits bezüglich des Textes von „Ecriture – Replique" oder „geschriebener Antwort auf einen anderen Text"[6] spricht. Hinzufügend spricht Harold Bloom von „Einflussangst", wobei er erklärt: „Einfluss, wie ich das Wort verstehe, bedeutet, dass es keine Texte gibt, nur Beziehung zwischen Texten gibt"[7]. In dieser Hinsicht reichert Gérard Genette an, indem er behauptet: „[…] Tout texte littéraire s'élabore à partir d'événements vécus par son auteur, mais bien plus encore à partir de ses lectures"[8].

Des Weiteren muss hier betont werden, dass der Text- sowie der Autorbegriff so gesehen einen anderen Sinn erhalten. Zum einen ist der Text nicht mehr als Emanation eines schaffenden Autors anzusehen, sondern vielmehr als „ein Fluss von Texten, die sich neu kombinieren lassen"[9], in Erwägung zu ziehen. Der Text ist sozusagen kein einheitliches Ganzes, sondern ein multiples Ganzes, indem Spuren vorangegangener vorgeformter Texte zu erschließen sind. Zum anderen was der Autorbegriff angeht, problematisieren ihn die Philosophen Roland Barthes und Michel Foucault[10] diskursgeschichtlich und denken ihn weniger als intentionales Subjekt, sondern vielmehr als Kreuzungspunkt von Texten bzw. eine Funktion, mit der sich bestimmte Diskurse steuern, verwalten, und rezipieren lassen[11].

Roland Barthes weist mit dem „Tod des Autors" die traditionelle Auffassung vom Autor als sinnstiftende Instanz zurück. In diesem Blickwinkel schreibt er beispielweise: „Sans doute en a-t-il toujours été ainsi: dès qu'un fait est raconté, à des fins intransitives, et non plus pour agir directement sur le réel, c'est-à-dire finalement hors de toute fonction autre que l'exercice même du symbole, ce décrochage se produit, la voix perd son origine, l'auteur entre dans sa

---

[6] Vgl. Julia Kristeva. Zu einer Semiologie der Paragrame, 1972, in : Helga Gallas (Hrsg.): Strukturalismus als interpretatives Verfahren, Darmstadt/Neuwied. Zitiert nach Geisenhanslücke. S.104
[7] Vgl. Achim Geisenhanslücke. Ebd. S.104
[8] Vgl. G. Genette. « Palimpseste » Microsoft®2009. [DVD].Microsoft corporation. 2008.
[9] Vgl. A. Geisenhanslücke, Ebd. S.104

[10] Vgl. G. Brinker-Gabler, „Metamorphosen des Subjekts. Autobiographie, Textualität und Erinnerung", in: M. Heuser (Hrsg.), Autobiographien von Frauen, Tübingen: Niemeyer ,1996. Zitiert nach Germain Nyada, Ebd.
[11] Vgl. M. Foucault : « l'hermeneutique du sujet. Cours au collège de France 1981/1982, Paris : Seuil, 2001. zitiert nach Germain Nyada, Ebd.

mort, l'écriture commence »[12]. So zieht Barthes die These der völligen Kontrolle des Schriftstellers über seine literarischen Texte in Zweifel.

b) Die Interkulturalität

Eine andere Grundlage der Intertextualität besteht in die interkulturelle Texteigenschaft. In diesem Zusammenhang bezeichnet die Intertextualität die Übernahme mündlich oder schriftlich vorformulierter Äußerungen in den Erzählvorgang. „Texte", auf die das Textkorpus bezogen wird, sind nicht unbedingt literarische Texte, deren Aktualisierung zu erforschen wären. Vielmehr handelt es sich um mündliche Äußerungen und schriftliche Texte, die in der Rekonstruktion der Kindheit deutlich als Übernahmen auftauchen. Dieses Verhältnis zwischen Interkulturalität und Intertextualität kann in Anlehnung an die Germanisten Maja Razbojnikova-Frateva und Hans-Gerd Winter geklärt werden. Ihren Meinungen nach ist die Tatsache, dass „verinnerliche Normen, Geschlechterrollen, Gewalt- und Machtverhältnisse problematisiert und im dialogischen Prozess der Inszenierung im Ästhetischen gelockert oder gar aufgelöst werden"[13] auch „zugleich noch intertextuell"[14]. Einerseits erklären sie dies dadurch, dass Kultur in semiotischer Hinsicht die hierarchisch strukturierten und in Texten fassbaren Zeichensysteme umfasst, die in einer Gesellschaft verwendet werden. Die Literatur –ihnen zufolge- sei also ein wichtiges Medium und Forum dieser Zeichensysteme. Andererseits erklären sie den Zusammenhang zwischen Interkulturalität und Intertextualität durch Kulturtheorien; die Kultur als Text verstanden: die kulturelle Realität wird dann als Gewerbe von Texten interpretiert, wobei nicht nur Texte, sondern auch Denkformen und Handlungen nach den Regeln der Textaneignung funktionieren. Die Literatur fungiert entsprechend als eine mediale Ausdrucksform, die symbolische Ordnungen reproduziert, aber auch erweitert, verschiebt oder spielerisch auflöst[15]. Es geht also darum, diese Reproduktionen, Erweiterungen, Verschiebungen und spielerischen Auflösungen der symbolischen Ordnungen in Kindheitstexten zu identifizieren und zu analysieren. Im Roman zum Beispiel konstruiert das erzählende Ich seinen Erinnerungsvorgang aus den Aussagen von Mitgliedern unterschiedlicher Gemeinschaften, was letztlich intertextuelle Bezüge sichtbar macht.

---

[12] Vgl. R. Barthes. « La mort de l'auteur », in : ders. , œuvres complètes, Tome 2, 1966/1973, hrsg. von E. Marty, Paris : Seuil, 1994. Zitiert nach Germain Nyada, Ebd.
[13] Vgl. M. Razbojnikova Frateva und H. G. Winter. a.a.O. S.13f: Interkulturalität und Intertextualität. Elias Canetti und Zeitgenosse, Dresden: Thelem, 2007.
[14] Ebd.
[15] Ebd.

Zudem wird betont werden, dass eine andere interkulturelle Texteigenschaft in die Mobiltät besteht. Im Laufe der Zeit wird die Beziehung zwischen Menschen einer Gesellschaft durch kulturelle Verhältnisse bestimmt. Dabei geht es darum, die Fähigkeit des Einzelnen im Bezug auf die Aneignung anderer Kulturelemente zu leisten. Dies setzt zwar und unbedingt eine gegenseitige Akzeptanz und Toleranz voraus. Davon ausgehend wird klar, dass der Mensch bzw. das schreibende Individuum sich im Zentrum verschiedener kultureller Diskurse befindet, was Homi K. Bhabha durch den Begriff „Inbetween"[16] bezeichnet hat. In dieser Hinsicht wird noch einmal die Beziehung zwischen Interkulturalität und Intertextualität hervorgehoben, wobei der Text als Resultat oder Ausdruck unterschiedlicher kultureller Diskurse zu betrachten ist. Dabei wird klar, dass sich in einem Text Spuren – mündlich oder schriftlich- anderer Kulturelemente begreifen lassen. In diesem Blickwinkel könnte Goethes italienische Reise (1786-1788) beispielhaft dafür gelten, wobei man entdeckt hatte, dass er sich nach seiner Rückkehr vielmehr der römisch-griechischen Antike widmete. Paradebeispiele dafür sind Goethes Schriften „Römische Elegien" (1795), „Torquato Tasso" (1790), „Faust I" (1808). Dies weist wahrscheinlich auf seinen Umgang mit Fremden hin.

III- Einige Haupttheoretiker der Intertextualität und deren Konzeptionen

In diesem Teil ist es nicht nur die Rede davon, einige Haupttheoretiker der Intertextualität so bloß darzustellen, sondern vielmehr von deren Konzeptionen.

Einer dieser Theoretiker ist der französische Philosoph **Jacques Derrida**. Dieser Letztere - mit seinem Begriff die „différance", die er als Bewegung der Verräumlichung und Verzeitlichung beschreibt, die das System der Zeichen auf eine ihm vorgängige, selbst aber niemals präsente Form der sprachlichen Spur, - hat damit die Grundlage für einen neuen Textbegriff fixiert bzw. den der ‚Intertextualität'. Dieser Begriff (Intertextualität) gewinnt eine neue Wendung in der Dekonstruktion jedoch, wenn die Beziehung eines Textes zu einem Vorgängertext zu der auf eine dem Text überhaupt vorgängige Form der Abwesenheit erweitert wird. In dieser Blickrichtung sagt er: „diese Verkettung, dieses Gewerbe ist der Text, welcher nur aus der Transformation eines anderen Textes hervorgeht. Es gibt nichts, weder in den Elementen noch im System, das irgendwann oder irgendwo einfach anwesend

---

[16] Vgl. Homi K. Bhabha. Die Verortung der Kultur. Mit einem Vorwort von Elisabeth Bronfen. Deutsche Übersetzung von Micheal Schiffmann und Jürgen Freud. Unveränderter Nachdruck der 1. Auflage 2000. Stauffenburg Verlag Brigitte Narr GmbH, 2011.

oder abwesend wäre. Es gibt durch und durch nur Differenzen und Spuren von Spuren"[17]. Daraus stellt es sich heraus, dass Derrida den Text als Transformation eines anderen beschreibt, der als solcher nie präsent ist. Damit begründet er einen Begriff der Intertextualität, der vielmehr auf die Relation von einem Text zu einem ihm vorgängigen abwesenden Text deutet. Derridas dekonstruktiver Begriff der Intertextualität wurde von der französischen Psychoanalytikerin, Literaturkritikerin und Philosophin bulgarischer Abstammung Julia Kristeva weiter entwickelt.

Julia Kristeva basiert sich ihrerseits nicht nur auf Derridas Theorie des Textes als ein Bündel von Spuren oder Differenzen, sondern zugleich auf dem russischen Literaturwissenschaftler Micheal Bachtin und dessen Begriff der ‚Dialogizität'. In dieser Hinsicht entwickelte Bachtin eine ‚Romanstilistik', in der er diese These vertritt, der Roman sei durch ein vielfältiges Beziehungsgeflecht zwischen unterschiedlichen ‚Sprachen' gekennzeichnet. Diese komplexen Beziehungen zwischen verschiedenen Sprachen im Roman nennt er die ‚Dialogizität'. Bachtin nach ist der Roman ein synkretischer Ort, an dem die Konfrontation verschiedener Diskurse über einen Gegenstand stattfindet[18]. Wie Bachtin die dialogische Rede, so begreift Kristeva den Text insgesamt als dynamisches Konzept: „Er ist ein Text, eine Textverarbeitung (permutation de textes), eine Intertextualität: im Bereich eines Textes überschneiden und neutralisieren einander mehrere Aussagen, die anderen Texten entstammen"[19]. Laut Kristeva sei der literarische Text mehr als ein Schreibphänomen. Er sei auch ein Dialog zwischen literarischen Genres, historischen Kontexten, ästhetischen Sensibilitäten, genauso wie mit anderen Texten. Davon ausgehend habe die Intertextualität bei ihr eine doppelte Dimension: eine horizontale(die Dimension der Zeitgenossenschaft) und eine vertikale(sozial – historische). Kristeva spricht in dieser Hinsicht von einer „écriture-lecture"[20]. Den Begriff bestimmend schreibt sie beispielsweise: „Tout texte construit comme une mosaïque de citations, tout texte est absorption et transformation d'un autre texte. À la place de la notion d'intersubjectivité s'installe celle d'intertextualité, et le langage poétique se

---

[17] Vgl. J. Derrida. 1986: Positionen. Gespräche mit Henrich Ronse, J. Kristeva, Jean-Louis Houdebine, Guy Scarpeni. Wien. Zitiert nach A. Geisenhanslücke. Ebd. S.103
[18] Vgl. H. Ondoa: Literatur und politische Imagination. Zur Konstruktion der ostdeutschen Identität der DDR-Erzählliteratur der Wende, Leipziger Üniversitätsverlag, 2005. S.93
[19] Vgl. J. Kristeva, 1997 : Der geschlossene Text. In: Peter V. Zima(Hrsg.): Textsemiotik als Ideologiekritik, Frankfurt am Main. Zitiert nach A. Geisenhanslücke, Ebd. S;103
[20] Vgl. J. Kristeva : Semeiotikè. Recherches pour une semanalyse. Paris : edition du Seuil, 1969, S.83. zitiert nach H.Ondoa, Ebd. S94

lit au moins comme double"[21]. Für Kristeva ist kein Text ein selbstgenügsames Gebilde, jeder Text besteht aus einem Bündel von Zitaten, ist ein Kreuzungspunkt anderer Texte.

Ihre Definition ähnelt der von **Roland Barthes**, dem zufolge der Text folgendermaßen definiert wird: „ Der Text ist ein Gewerbe von Zitaten aus unterschiedlichen Stätten der Kultur. […] Ein Text ist aus vielfältigen Schriften zusammengesetzt, die verschiedenen Kulturen entstammen und miteinander in Dialog treten, sich parodieren, einander in Frage stellen"[22]. Beim näheren Hinsehen Barthes' Bestimmung des Begriffs „Text" erweist sich nicht nur Beziehungen zu Kristevas Bestimmung, sondern auch zu Micheal Bachtins Dialogizitätstheorie.

Des weiteren ist auch **Gérard Genettes** Verständnis dieses Textbegriffs von ausschlaggebender Bedeutung. Für ihn ist der Text als ein Palimpsest aufgefasst, wobei er ihn bestimmend sagt: „[…] Il (le texte) s'apparente à l'un de ses manuscrits dont on a effacé le premier texte pour réécrire par dessus: tout texte littéraire s'élabore, certes , à partir d'événements vécus par son auteur, mais bien plus encore à partir de ses lectures''[23]. Daraus ergibt sich, dass Gérard Genette einerseits auf in einem Text auftauchende Spuren anderer Texte und andererseits auf die Entstehung eines Textes deutet oder hinweist. Was die Bestimmung der Intertextualität bei ihm angeht, knüpft er diese mit dem an, was er als Transtextualität bezeichnet. Für ihn sei die Intertextualität nicht nur Synonym von Transtextualität, sondern gehört zugleich zu dieser. In diesem Blickwinkel unterscheidet er fünf verschiedene Formen intertextueller bzw. transtextueller Beziehungen:

➤ **die Intertextualität,** das heißt die effektive Präsenz eines Textes in einem anderen in Form von Zitaten, Plagiaten oder Anspielungen usw.

➤ **die Paratextualität**, damit wird bezeichnet, was einen Text dezidiert einrahmt: Titel, Untertitel, Vorworte, Nachworte, Fußnoten usw.

➤ **die Metatextualität,** das heißt Kommentare, die wesentlich kritischer Natur sind und vor allem das Gebiet der Literaturkritik betreffen.

➤ **die Architextualität,** die eng mit der Paratextualität verwandt ist. Allerdings handelt es sich hierbei um nicht dezidiert deklarierte Gattungszuweisungen. Das heißt, man weist einem Text (als Kritiker) die Bezeichnung einer Gattung zu.

---

[21] Ebd.

[22] Vgl. R. Barthes : « La mort de l'auteur », in : ders. , œuvres complètes, Tome 2, 1966/1973, hrsg. von E. Marty, Paris : Seuil, 1994 zitiert nach G. Nyada Ebd.

[23] Vgl. G. Genette, « Palimpseste » Microsoft®2009. [DVD]. Microsoft corporation. 2008

> die **Hypertextualität,** hierbei ist es die Rede von einer Weise der Überlagerung von Texten, die nicht die des Kommentars ist. Hypertextualität bedeutet, dass der spätere Text ohne den ersten nicht denkbar ist. So lässt sich den Intertextualitätsbegriff bei Gérard Genette erfassen und ist umfassend oder multidimensional.

Zudem kommt auch der französische **Michel Riffaterre** hinzu, der sich auch schwerpunktmäßig mit dem Intertextualitätsbegriff befasst hat. Seine dem Begriff gegebene Definition ist mehr umfangreicher als die Gérard Genettes. Seinerseits bestimmt er diesen wie folgt: „L'intertextualité est la perception par le lecteur de rapports entre une œuvre et d'autres qui l'ont précédées ou suivies"[24]. Bei näherer Betrachtung dieses Zitates erweist sich klar und deutlich, dass der Leser dank seiner Lektüren oder Kenntnisse im Text erschienene intertextuelle Bezüge erschließt. Für Riffaterre verlagert sich die Intertextualitätsforschung von der Autor-Text-Beziehung zur Text-Leser-Beziehung.

Letzten Endes sind auch die Theorien der Einflussangst(anxiety of influeuce) und der Fehllektüre(misreading) von dem Amerikanischen **Harold Bloom** in Rücksicht zu nehmen. Bloom sieht die Literaturgeschichte als Schauplatz eines Kampfes der großen Dichter(struggle between strong poets). Jeder neue Schriftsteller, der sich in sie einreihen will, muss sich an seinen (bewusst oder unbewusst) gewählten Vorbildern abarbeiten, indem er sie nach seinen eigenen Vorstellungen uminterpretiert, also fehlliest.

IV- Die Erscheinungsformen der Intertextualität

In diesem Teil geht es darum, subsumierte Formen der Intertextualität zu ergreifen. Die Intertextualität, wie bereits angedeutet, bezeichnet eine konkrete Bezugnahme eines (literarischen) Textes auf einen anderen (literarischen) Text. Diese kann in vielerlei Formen geschehen. Eine dieser Formen ist das Zitat.

> **das Zitat:** das ist eine wörtlich angeführte Belegstelle aus einem Buch oder Schriftstück, das in der Regel durch Anführungszeichen hervorgehoben wird. Dabei kann man markierte und unmarkierte Zitate[25] unterscheiden. **Markiert** heißt es, dass Zitate als solche beim Lektürevorgang ohne größeres Vorwissen erkennbar sind, das heißt, dass das in einem Posttext erscheinende Zitat wörtlich dasselbe wie das des Prätextes ist. **Unmarkiert** hingegen

---

[24] Vgl. M. Riffaterre. Zitiert nach G.Genette : „Palimpsestes", Paris, Le seuil, 1982.
[25] Vgl. Ulrich Broich/Manfred Pfister(Hrsg.): Intertextualität. Formen, Funktionen, anglistische Fallstudien. Tübingen: Niemeyer, 1985. Zitiert nach Stefan Neuhaus: Grundriss der Literaturwissenschaft.

bedeutet, dass das im Posttext erscheinende Zitat umgeschrieben wird, sodass man nicht beim Lektürevorgang leicht erkennt, dass es aus einem bereits vorhandenen Text ausgezogen wird. Hinzu kommt die Collage.

➢ **die Collage:** (franz. = kleben), Kunst aus präfabriziertem Material, eine experimentelle literarische Technik, die den Text mit Anspielungen, Zitaten anderer Autoren und vorgeprägten Wendungen versetzt, um dadurch dem Thema weitere Horizonte abzugewinnen. So dann deren literarisches Ergebnis: Werke aus einer Kombination heterogener, und zusammenhängender reproduzierter Sprachstücke als Realitätsfragmenten. Nach dem Prinzip der Simultaneität des Disparaten und der Reizüberflutung in der modernen Welt, bei denen dem Autor nur die Auswahl und Anordnung in mosaikhafter Kombinatorik zufällt. Beispielhaft für die Collage in einem Werk sind die in das Manuskript eingeklebten Gebrauchtexte(zumeist Zeitungsartikeln). Daneben kommt der Pastische.

➢ **der Pastische:** in der Literatur bezeichnet dieser Begriff die Nachahmung eines Epochenstils oder einer literarischen Gattung; das kann der Stil und die Ideen eines Autors, die nachgeahmt sind. Des weiteren kommt die Anspielung hinzu.

➢ **die Anspielung:** bei dieser Form gibt es zum Beispiel eine im Prätext oder vorgängertext zustande kommende Situation oder Aussage, auf die man in dem Posttext deutet. Damit man sie leicht erschließt, muss hier die Relation wahrgenommen werden. Zudem hat man das Plagiat.

➢ **das Plagiat:** Es liegt vor, wenn Leistungen eines Anderen als eigene ausgegeben werden, kurz gesagt ist es ein geistiger Diebstahl besonders bei wissenschaftlichen und literarischen Werken. Dazu zählt auch die Ironie.

➢ **die Ironie:** Sie ist die Übertreibung einer Aussage, die durch die pointierte Diktion (im Gespräch auch durch Mimik) soweit zurückgenommen wird, dass sie spöttisch distanziert eine wesentliche Seite der Sache trifft. Als eine andere Erscheinungsform der Intertextualität ist auch die Parodie anzusehen.

➢ **die Parodie:** Sie bezeichnet eine satirisch-komische Nachahmung von Form und Ton einer (meist ernsten) Dichtung an einem oft unpassenden Stoff.

➢ **die Travestie:** Sie ist eine literarische Satire, die den Inhalt des verspotteten Werkes belässt, aber in eine ihm nicht gemäße Form kleidet. Letzten Endes kommen Formen wie Inversion und Remythologisierung hinzu.

> **die Inversion:** Jürgen Egyptien [26] meint damit eine literarische Adaptation kulturgeschichtlich tradierter Stoffe und Vorstellungen in der Weise der Verkehrung, wobei diese in der Regel dekonstruktive, depotentierende zumindest fragmentierende und kritische Züge hat.

> **die Remythologisierung:** Sie ist mit der Inversion methodisch nahe verwandt, aber doch insofern als ein bloßer Anwendungsfall, als sie zum einen als Reaktion auf das offenbare Scheitern einer vernünftigen Einrichtung der Welt und zum anderen als ästhetisches Festhalten an der Weltdeutungspotenz des Mythos verstanden werden kann. [27]

Exkurs: Zum Begriff der Dekonstruktion.

Der Begriff „Dekonstruktion" ist ein von Jacques Derrida entwickeltes neues Denken, dessen Ziel darin besteht, nicht nur die Hermeneutik in Frage zu stellen, sondern auch vielmehr den Strukturalismus zu überwinden, ausgehend natürlich von der Kritik am geschlossenen taxonomischen Feld dieses. An dieser Stelle muss erwähnt werden, dass die Dekonstruktion aus einer systematischen philosophischen Perspektive stammt, die durch ihre Verarbeitung den Literaturwissenschaftlern nach einen anderen Weg in der Literatur im Rahmen der Textanalyse geebnet hat. In dieser Hinsicht werden dekonstruktivistische Ideen innerhalb der Literatur- und Kulturwissenschaft aufgegriffen. Dabei wird beispielsweise davon ausgegangen, dass die Auseinandersetzung mit einem konkreten Text selbst Regeln generieren kann, als es in diesem Auszug festgestellt werden kann: „Was ich Dekonstruktion nenne, kann natürlich Regeln, Verfahren oder Techniken eröffnen […] Die Dekonstruktion hingegen befasst sich mit Texten, mit besonderen Situationen, mit der Gesamtheit der Philosophiegeschichte, innerhalb deren sich der Begriff der Methode konstituiert hat. Wenn die Dekonstruktion also die Geschichte der Metaphysik oder die des Methodenbegriffs befragt, dann kann sie nicht einfach selbst eine Methode darstellen. Die Dekonstruktion setzt die Umwandlung selbst des Begriffs des Textes und der Schrift voraus […] Ich nenne eine Institution ebenso wie eine politische Situation, einen Körper oder einen Tanz „Text", was offenbar zu vielen Missverständnissen geführt hat, weil man mich beschuldigte, die ganze Welt in ein Buch zu stecken" [28]. Aus diesem Auszug wird klar, dass ein Text aus einer

---

[26] Vgl. J. Egyptien. Einführung in die deutschsprachige Literatur seit 1945. Darmstadt: WBG, 2006.
[27] Ebd.
[28] http://de.wikipedia.org/wiki/Dekonstruktion, 03/04/2009 um 10:50 nachgeforscht.

Vielzahl weiterer Perspektiven besteht, die gleichzeitig vorhanden sind und häufig in Konflikt zueinander stehen. Dieser Konflikt ist aber nicht direkt manifest, sondern erst mittels dekonstruktiver Analysen sichtbar zu machen. Dies setzt voraus, dass der Text ursprünglich keinen festen Sinn oder keine feste Bedeutung trägt, sondern zugleich eine Thematisierung bestimmter Gegenstände und Ausgrenzung anderer ist. Die dekonstruktivistischen Analysen bestehen also in dieser Hinsicht darin, diejenigen Faktoren zu untersuchen, welche diese Thematisierung erst ermöglichen. Davon ausgehend wird klar, dass nur beim Lesen der Sinn oder Die Bedeutung eines Textes bzw. Werkes hervorgehoben werden kann. Deshalb spricht Jacques Derrida von der „lecture comme réécriture du texte"[29].

V-   Die Intertextualität als textanalytische oder texttheoretische Methode.

Indem man die Intertextualität als textanalytische bzw. texttheoretische Methode benutzt, muss man einige Grundfertigkeiten erbringen, ohne deren Hilfe eine eingehende bzw. ausführliche Analyse vorhanden wäre. Dies setzt voraus, dass der Literaturwissenschaftler oder Interpret nicht nur die Prätexte oder Vorgängertexte, sondern auch die Posttexte gut kennt, um eine Beziehung zwischen diesen beiden herzustellen. Von aussagekräftiger Bedeutung wären hier auch Kenntnisse über den gesellschaftlich politischen Kontext sowohl des referierenden als auch des referierten Textes. Um genau subsumierte Erscheinungsformen der Intertextualität wie Zitat, Collage, Plagiat einerseits in einem Posttext zu erkennen, muss der Literaturwissenschaftler fähig sein, sie in einem Vorgängertext getroffen zu haben und sie gut kennen. Andererseits –bei Formen wie dem Pastiche, der Travestie, der Parodie und der Ironie, die mit der Nachahmung zum Beispiel von Stil, Ton, und Form literarischer Gattung zu tun haben,- muss der Benutzer dieser Texttheorie die ursprünglichen oder primären nachgeahmten Elemente(Stil, Ton, Form, usw.), worauf pastichiert, travestiert und parodiert wird, gut erfassen, damit vergewissert zu sein, eine gelungene Analyse etabliert zu haben.

Wenn all diese Voraussetzungen in Gang gesetzt werden, dann sagt die Romanistin Ute Fendler bewertend, dass der Intertextualitätsbegriff zu „einer sinnvollen Textanalyse verwendet werden kann"[30].

---

[29] Vgl. J. Derrida, 1972 : l'écriture et la différance.
[30] Vgl. Ute Fendler. InterkulturalitÄt in der frankophonen Literatur der Karibik. Der europäisch-afrikanisch-amerikanische Intertext im Romanwerk von Maryse Conde, Frankfurt am Main: Iko, 1994 zitiert nach G. Nyada, Ebd.

Daraufhin wäre nicht beispielsweise Ulrich Plenzdorfs „Die neuen Leiden des jungen Werthers" von 1972 verständlich, ohne Goethes „Die Leiden des jungen Werthers" von 1774, worauf sich Plenzdorf explizit bezieht, in Erwägung zu ziehen.

VI- Die Intertextualität als eine Gefahr: das Beispiel von Calixthe Beyala

Hier ist es die Rede davon, juristisch gesehen, den gefährlichen Charakter der Intertextualität zu zeigen, wenn sie mit dem Plagiat[31] assimiliert wird. In dieser Hinsicht wurde die kamerunische Schriftstellerin Calixthe Beyala des Plagiats in 1996 beschuldigt. In der Tat geriet sie wiederrum ins Visier der Öffentlichkeit durch die Medien[32] Ende 1996 – Anfang 1997 ins Frankreich. In der Zeitschrift „Lire"[33] richtet sich der französische Journalist und Literaturkritiker Pierre Assouline stark gegen Beyalas Roman „Les honneurs perdus"(1996), indem er sagte, dass Beyala darin den nigerianischen Autor Ben Okri plagiert hat. Er vertritt die These, dass sich Beyala auf Okris Roman „La route de la fin" inspiriert oder bezogen hat, um ihren Roman zu schreiben. Vor der Beschuldigung vor dem Pariser Gerichtshof erkannte Beyala die Fakten und versuchte einerseits das Phänomen ‚Plagiat' zu belegen, indem sie hinsichtlich kultureller Kontingenzen, die jene des Erbes der Oralität sind, zu zeigen versuchte. Sie meinte damit, dass sie ebenso wie Ben Okri zu derselben Gesellschaft gehört und diese Tatsache erstellt eine Affinität zwischen ihnen. Andererseits sprach sie von dem Einfluss[34] des abendländischen Schulsystems auf das der Afrikaner. Letzten Endes sprach sie von dem Rassismus oder Sexismus[35] ihrer Beschuldigten. In dieser Blickrichtung sagte sie daraufhin: „On m'en veut parce que je suis noir; on m'en veut parce que je suis femme"[36].

---

[31] Juristisch gesehen kann es als ein geistiger Diebstahl bei wissenschaftlichen bzw. literarischen Werken definiert werden, und in dieser Hinsicht kann man es als eine „Kontrefaçon" in Rücksicht nehmen. Und diese wird durch nicht nur das französische sondern im Allgemeinen durch das Grundgesetz sanktioniert.

[32] Hier muss betont werden, dass sie eine Verurteilung in Mai 1996 durch den Pariser Gerichtshof bekam. Es hat sich Literaturkritikern nach erwiesen, dass sich darin auf „Quand j'avais cinq ans, je m'ai tué" von dem amerikanischen Dichter Howard Buten und auf „Phantasia chez les ploucs" von Charles Williams (USA) inspiriert.

[33] Französische Zeitschrift, Ausgabe von Oktober 1996.

[34] Darunter könnte man sofort über Harold Blooms Theorien der Einflussangst und Fehllektüre denken, wenn Beyala das Wort „Einfluss" benutzt. Unsere eigene Hervorhebung.

[35] Hier muss präzisiert werden, dass Beyala in 24/10/1996 für « les honneurs perdus » den Preis (Grand prix du roman de l'académie française) erhielt und tausend Millionen von Exemplaren verkauft hatte. Sie meint, dass diese die Auslöser ihrer Beschuldigung sind.

[36] Vgl. Calixthe Beyalas Gespräche vor ihrer Abwehr. Zitiert nach Gbanou Salom, Kolyan Dina Taiwe, Ghanata

Schluss

In unserer Nachforschung war es die Rede davon, dass wir uns mit dem Thema „Schrift und Intertextualität" vertraut machen. Dabei sind wir von der linguistischen und poststrukturalistischen Bestimmung dieser Letzteren ausgegangen, was uns Anlass gegeben hat, deren Haupttheoretiker und ihre Intertextualitätskonzeptionen unter die Lupe zu nehmen. Danach wird der Versuch unternommen, einige Erscheinungsformen der Intertextualität aufzulisten bzw. aufzuzählen. Des Weiteren ist es uns eingefallen, einen Exkurs über die Dekonstruktion zu machen; das, was uns ermöglicht hat zu zeigen, unter welchen Voraussetzungen die Intertextualität als texttheoretische bzw. – analytische Methode neben den anderen Methoden gelten kann. Letzten Endes haben wir gedacht, es wäre besser, dass wir die juristische Gefahr der Intertextualität ans Licht bringen. Hier soll nicht den Eindruck vermieden werden, dass die Intertextualität grundlegend spezifische Wechselbeziehungen zwischen einzelnen Texten und ihren Hypotexten bzw. Prätexten bezeichnet. Zusammenfassend kann gesagt werden, dass die Intertextualität in vielen modernen und postmodernen Werken erscheint. Hier denkt man von Collage und Montage, die ein Zeichen der modernen und postmodernen Ästhetik sind.

Ayaric (Hrsg.), in:Intertextualité et plagiat en littérature africaine. Bremen : african cultural review, N°3 und 4, 1997.

LITERATURVERZEICHNIS

„ I know that knowledge of books is the basis on which all other knowledge rests".
(George Washington.)

- **Geisenhanslücke, Achim**. Einführung in die Literaturtheorie: von der Hermeneutik zur Medienwissenschaft: Hrsg. Gunter E. Grimm und Klaus-Micheal Bogdal. 3.Aufl. Darmstadt: WBG, 2006.

- **Egyptien, Jürgen**. Einführung in die deutschsprachige Literatur seit 1945. Darmstadt: WBG, 2006.

- **Genette, Gérard**. Palimpsestes, Paris: Le seuil, 1982.

- **Nyada, Germain**. Kindheit, Autobiographie und Interkulturalität: Ein Beitrag zur **sprachübergreifenden und kontextsorientierten Literaturtheorie. Berlin: Litverlag DR. W. HOPF, 2010.**

- **Ondoa, Hyacinthe.Literatur und politische Imagination: zur Konstruktion der ostdeutschen** Identität der DDR-Erzählliteratur vor und nach der Wende.

- Palabres: Intertextualité et plagiat en littérature africaine : Hrsg.Gbanou Selom, Kolyan Leipzig: Leipziger Üniversitätsverlag, 2005. Dina Taiwé, Ghanata Ayaric. Bremen :African cultural review N°3 et 4, 1997.

- **Neuhaus, Stefan**. Grundriss der Literaturwissenschaft. 3.Aufl. Tübingen und Basel: A. Francke Verlag, 2008.

- **Wilpert, Gero von**. Sachwörterbuch der Literatur. 8. verbesserte und erweiterte Aufl. Stuttgart: Alfred Kröner Verlag, 2001.

- Meyers Handbuch über die Literatur. hrsg. und bearbeitet von den Fachredaktionen des bibliographischen Instituts. Mannheim: Bibliographisches Institut, 1964.

- http: //www.wikipedia.de.

- „Palimpseste". Microsoft®2009.[DVD].Microsoft Corporation.2008.

- http://de.wikipedia.org/wiki/Dekonstruktion, 03/04/2009 um 10:50 nachgeforscht.